SEGURIDAD EN INTERNET CUADERNO DE TRABAJO

CON OLIVIA Y SUS AMIGOS

¡Para pre-adolesc-entes!

Por Nathan LaChine
Y Karina StarkHart, MA, LMHCA
Ilustrado por Annabelle Betts

Para permisos, consultas o información adicional, ponte en contacto con: EvergreenCaregiverSupport.org

Autopublicado por
Evergreen Caregiver Support
Lakewood, WA, USA
ISBN: 979-8-9928534-2-1
Diseño de portada e ilustraciones de Annabelle Betts Co-Autora Karina StarkHart, MA, LMHCA
Impreso en los Estados Unidos de América

Dedicatoria

A mi esposo, Koon, tus ideas, correcciones y apoyo incondicional han sido la piedra angular de este libro. Sin tu perspectiva reflexiva y tu constante apoyo, este proyecto nunca habría cobrado vida.

El apoyo que me has brindado durante los meses de escritura, edición e ilustración ha sido inconmensurable. Te quiero más cada día que pasa, y tengo la gran suerte de compartir este viaje y todos los demás con el hombre que amo.

Agradecimientos

A mi sobrino Michael, tus percepciones y sabiduría de joven han sido invaluables. La autenticidad del diálogo y el mensaje de este libro se deben en gran medida a tu apoyo incondicional y paciencia con mis incontables preguntas durante estos meses de escritura.

A mi hermano Elliot, tus percepciones, amistad y guía han sido fundamentales para dar forma a este plan de estudios y cuaderno de trabajo. Nuestras conversaciones, aventuras y nuestro vínculo han influido profundamente en mi vida y en este proyecto. Y a todos los niños que hemos tenido el privilegio de cuidar, nuestros recuerdos, experiencias y risas compartidas han sido el motor detrás de este libro.

Tabla de Contenidos

Tabla de Contenidos

About the Author

Nathan LaChine es un padre de acogida de tercera generación con más de 20 años de experiencia en la acogida terapéutica de algunos de los jóvenes más vulnerables del estado de Washington. Su experiencia en primera línea le proporciona una visión única de los retos a los que se enfrentan los jóvenes, sobre todo a la hora de navegar por el mundo digital, lo que lo convierte en un experto en seguridad en Internet muy solicitado.

Fundó Evergreen Caregiver Support, una organización dedicada a capacitar a los cuidadores mediante la educación y los recursos comunitarios. A través de su organización, Nathan ha desarrollado cursos de formación sobre explotación sexual comercial infantil (ESCI), industria de materiales de abuso sexual infantil (CSAM), LGBTQIA+, SOGIE y reducción de daños, entre muchos otros.

Nathan ha sido copresentador de un programa de radio local llamado Real Family Matters, en el que ofrece recursos a los miembros de la comunidad. Con frecuencia habla con los legisladores y los responsables políticos a nivel local, estatal y nacional sobre cuestiones que afectan al cuidado de crianza, y ha aparecido en numerosos podcasts y entrevistas.

Nathan trabaja como mentor de padres de acogida y facilitador de grupos de apoyo con la Universidad de Washington, proporcionando orientación y apoyo a los cuidadores de todo el estado. También es miembro del equipo de consulta 1624 para padres de acogida del Departamento de la Infancia, la Juventud y la Familia.

El trabajo de Nathan se basa en los principios de educar, capacitar y reducir los daños, inspirando un cambio significativo a través de sus formaciones, conferencias y actividades de promoción. También es autor, conferencista profesional, formador internacional, defensor de la comunidad y ávido coleccionista de arte queer moderno e histórico.

Encuentra los cursos de Nathan

Para más información, recursos adicionales, catálogo completo de cursos de formación y acceso al programa de formación "Seguridad en Internet y señales de advertencia del grooming en línea"- para el cual este libro está diseñado para complementar - visita EvergreenCaregiverSupport.org o escanea el código QR que está aquí abajo.

Acerca de la coautora

 **Karina StarkHart** es una consejera de salud mental y educadora sexual con una pasión por capacitar a los jóvenes y adultos jóvenes para navegar por las complejidades del mundo actual, incluyendo los desafíos de la seguridad en línea. Basándose en casi una década de experiencia previa en la acogida terapéutica y el trabajo social, Karina entiende el papel crucial de la comunicación abierta y los límites saludables en la protección de los jóvenes.

Karina trabaja actualmente en la práctica privada en el estado de Washington, especializada en la prestación de apoyo de salud mental a los adultos con respecto a la relación, la sexualidad, las preocupaciones de identidad, recuperación de traumas y asuntos de apego. Tiene un máster en asesoramiento sobre salud mental por la Universidad Antioch de Seattle, donde se graduó con honores, además de tener una doble licenciatura en psicología y literatura inglesa por el Evergreen State College.

Como antigua madre de acogida y trabajadora social, Karina desarrolló y facilitó una serie de cursos de formación para padres y profesionales sobre temas como el trauma, los límites y el autocuidado. También facilitó un grupo de apoyo para padres de acogida con su coautor, Nathan LaChine. Su experiencia incluye el trabajo en entornos educativos de apoyo a los jóvenes con altas necesidades de comportamiento y el voluntariado con una línea de ayuda en crisis.

El compromiso de Karina con el bienestar de los jóvenes impulsa su trabajo en seguridad en internet, combinando su experiencia en salud mental con estrategias prácticas para padres y profesionales que ayudan a los jóvenes a navegar por el mundo digital. Cuando no está dando terapia ni escribiendo, Karina disfruta pasando tiempo con su familia y acurrucándose en los días lluviosos con un café, un libro y su perro, Walter.

Contáctala en www.desireblooms.com

Sobre la ilustradora

Annabelle Betts es una estudiante de secundaria aficionada al arte con una lista cada vez mayor de proyectos en su haber, que incluyen calendarios de arte que ella misma a publicado, cómics, un fanzine y un libro para colorear. Su lista de proyectos futuros también crece constantemente. Se especializa en narrativa visual a través de ilustración tradicional y digital, collage y cómics, con diversos medios.

También ha incursionado en el diseño de productos, patchwork y diseño de libros; este es su primer proyecto de diseño de libros de texto.

Descubre los cómics de Annabelle en Tapas en @BananaBelle, sus ilustraciones y otros proyectos en Instagram @bananabelleart y su tienda de arte en Etsy, bananabelleart.etsy.com.

Mensaje para adultos

Antes de empezar, quiero animarte a acompañar a tu hijo/a mientras revisa este cuaderno de trabajo para aprender sobre seguridad en internet. Internet es una de las herramientas más poderosas que la humanidad ha creado, por lo tanto, hay muchas buenas razones para que los padres animen a sus hijos a participar en el aprendizaje y los juegos en línea. Dicho esto, como cualquier otra cosa, puede usarse con fines maliciosos. Desafortunadamente, los depredadores infantiles pueden interactuar con tus hijos a diario sin que tú lo sepas. Pueden comunicarse con ellos desde cualquier lugar con acceso a internet, como sus casas, sus habitaciones, en el autobús camino a la escuela o mientras comparten con amigos. Por eso debemos educar a nuestros hijos sobre la seguridad en línea y sobre el hecho de que, lamentablemente, no todas las personas en línea son quienes dicen ser.

Te animo a leer este cuaderno de trabajo con tu hijo/a, sección por sección, ¡y a que se diviertan completando las actividades juntos! Cada actividad está diseñada para reforzar los objetivos de aprendizaje de la sección anterior. Hemos incluido varias "Ejemplos de conversación" para iniciar conversaciones interesantes sobre las situaciones que podrán comentar juntos.

Si bien este libro está diseñado como un cuaderno de trabajo independiente para padres e hijos, facilita la conversación sobre hábitos seguros en línea, también complementa la serie de capacitación "Seguridad en Internet y señales de advertencia de acoso en línea" que ofrece Evergreen Caregiver Support. Este libro se basa en el contenido de la serie de capacitación, que proporciona mayor profundidad y debate sobre estos temas. Espero que con este libro y la serie de capacitación, te sientas apto para tener conversaciones profundas con tus hijos/as y mejorar tu conocimiento y comprensión sobre hábitos seguros en línea.

Mensaje para los niños

Hay muchas cosas divertidas que hacer en línea. En este libro, escucharás las historias de varios niños/as de tu edad a quienes les gusta jugar, chatear con amigos y ver videos en línea.

¿Sabías que a veces personas poco confiables intentan usar estas actividades para engañar o lastimar a los niños? Si alguien no es consciente de estos peligros, ¡puede que no sepa que está hablando con una persona malvada hasta que sea demasiado tarde!

Puede parecer aterrador, pero con un poco de información y preparación, puedes mantenerte seguro y seguir divirtiéndote en línea como siempre. ¡Incluso podrías aprender algunos consejos útiles para compartir con tus amigos! Las siguientes historias y actividades sobre Alex y sus amigos te enseñarán habilidades importantes para mantenerte seguro en línea.

Hay muchas maneras de interactuar con otros en línea.

¿Te gusta realizar alguna de estas actividades en línea? ¿Qué reglas hay en casa alrededor de realizar estas actividades?

-Jugar juegos multijugador
-Chatear con amigos en redes sociales
-Hacer nuevos amigos
-Escuchar música
-Ver televisión o películas
-Ver, compartir o comentar videos en línea
-Crear tus propios videos y compartirlos
-Descargar nuevos juegos y programas

_____

_____

_____

_____

_____

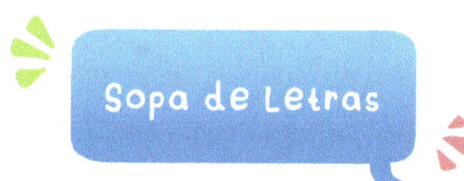

Sopa de Letras

```
c g m u b v e v s n v h h n o w p x
o c e k a p r i v a c i d a d v q c
o q n p e r s o n a l x r a r s h o
k x s c o s v g v d m d b u x c z n
i z a z e q g r o o m i n g s o t t
e v j l i s u p l a n t a c i o n r
s p e r f i l c i b e r a c o s o a
p k s v u d z n t r o l l u z s e s
c o n s e n t i m i e n t o f d f e
f m e m e f w s r i s v l o g i r n
w s y p r a p l i c a c i o n b b a
e x a u k s x l i m i t e s o s l n
```

Palabras		
1. vlog	7. privacidad	12. consentimiento
2. suplantación	8. grooming	13. virus
3. límites	9. mensajes	14. contraseña
4. cookies	10. troll	15. ciberacoso
5. aplicación	11. personal	16. meme
6. perfil		

(Respuestas en la página 71)

Ahora es el momento de comprobar cómo están de seguros nuestros amigos en Internet.

Olivia es engañada

Te presentamos a Olivia. Tiene 12 años y le encantan los juegos en línea, allí es donde puedes encontrarla después del colegio y los fines de semana. Ya sea superando nuevos niveles, explorando mundos virtuales o formando equipo con sus amigos, Olivia siempre aporta su creatividad y rapidez mental al juego. Cuando no está jugando, está aprendiendo nuevos trucos y compartiendo consejos con sus amigos jugadores.

Hace poco, Olivia hizo un nuevo amigo llamado John, de la escuela, que se hace llamar "JohntheConqueror". Hace poco, Olivia aceptó una solicitud de amistad suya en las redes sociales. Esto le pareció extraño porque John le había dicho que no tenía redes sociales.

John y Olivia se habían enviado algunos mensajes de texto a través de las redes sociales. Y entonces, John le envía a Olivia un enlace a través de su Messenger. Dice: "¡Haz clic aquí para ver los 5 mejores trucos!".

Olivia cree que John está compartiendo con ella algunos códigos de trucos para el juego.

Olivia hace clic en el enlace, pero no pasa nada.
Piensa que quizá el enlace esté defectuoso, así que
lo abandona y no piensa más en ello. Como la siguiente
misión no es hasta mañana, decide irse a la cama y dar
por terminada la noche.

¿Qué podría haber pasado cuando Olivia hizo
clic en el enlace? ¿Alguna vez has hecho clic en un
enlace cualquiera del que no estabas seguro?

_____

_____

_____

_____

A la mañana siguiente, Olivia intenta comprobar sus cuentas en las redes sociales, pero tienes las sesiones cerradas. Se frustra mucho al intentar volver a conectarse, pero ninguna de sus contraseñas funciona. No importa lo que intente, no puede entrar en sus cuentas.

Cuando llega al instituto, Olivia se reúne con sus amigos en el lugar habitual y todos le preguntan por los mensajes y enlaces que les envió durante la anoche.

Olivia está confundida porque no tiene ni idea de lo que ellos están hablando, pero está segura de que no envió ningún enlace ni mensaje a sus amigos anoche.

Olivia se pregunta qué está pasando. Y entonces, casualmente, se encuentra con John en el pasillo.

"¿Cuáles eran los códigos de trucos que me enviaste ayer?", le pregunta Olivia. "¡Hice clic en el enlace, pero no pasó nada y ahora no puedo entrar en mis redes sociales!".

John está confundido.

"¿De qué estás hablando?", le pregunta John a Olivia. "¡Tú sabes que mis padres no me dejan tener una cuenta en las Redes Sociales!".

¿Qué crees que le ha pasado a Olivia?

_____

_____

_____

_____

¿Qué habrías hecho tú en su lugar?

_____

_____

_____

_____

Llena los espacios en blanco con las letras correctas para completar cada palabra sobre seguridad en Internet.

L_ _it_s: Las normas o límites que establecemos para mantenernos a nosotros mismos y a los demás seguros, felices y respetuosos.

Cons_ _timie_ _o: Significa decir "sí" o estar de acuerdo con algo, pero sólo si tú realmente quieres.

Cyb_rac_ _o: Intimidación que se produce en Internet a través de mensajes malintencionados, publicaciones o compartiendo cosas hirientes.

E_ _j_s: Pequeños iconos como o que se utilizan en los mensajes para mostrar sentimientos o reacciones.

Micr_tran_ _cci_ _es: Son pequeñas compras realizadas dentro de un videojuego, normalmente con dinero real, para comprar objetos virtuales o desbloquear funciones especiales.

C_ _tr_ _eña: Un código secreto que creas para mantener tus cuentas a salvo de los demás.

Inf_ _maci_n pers_n_l: Datos como tu nombre completo, dirección, número de teléfono o centro de estudios que no debes compartir en Internet.

Aj_st_s de pr_vac_ _ad: Herramientas en aplicaciones y sitios web que te permiten controlar quién puede ver tu información.

E_t_fa: Engaño con el que se pretende engañar a la gente para que entregue dinero o información personal.

Ext_rs_ _n s_x_al: Cuando un depredador en línea engaña a alguien para que les proporciones imágenes o videos de desnudos y luego, te pide dinero, más imágenes u otras cosas.

Sp_ _s: Correos electrónicos o mensajes no deseados o basura, a menudo de desconocidos o empresas.

Supl_ _taci_n de Id_nt_d_d: Es cuando alguien finge ser alguien o algo que no es, normalmente para engañar a otros.

(Respuestas en la página 72)

ángel y un amigo en línea

Veamos a Ángel, el amigo de Olivia, que siempre está en movimiento, ya sea haciendo deporte (fútbol o béisbol), saliendo con sus amigos, leyendo o jugando videojuegos. Ángel acaba de conseguir su propio dormitorio por primera vez y ha pasado TODO el fin de semana arreglando su nueva habitación.

Ángel está orgulloso de cómo ha quedado su habitación y quiere presumir de lo genial que es ante Olivia, Alex, Liam y algunos de sus amigos de Internet.

¿Qué ves tú?

AL.angel_x

2 minutes ago

Rodea con un círculo todos los intereses y aficiones de Ángel que encuentres en esta foto que te han enviado.

¿Se parece la habitación de Ángel a la tuya? ¿Ángel y tú tienen algo en común? ¿Qué objetos de tu habitación cuentan una historia sobre quién eres y qué te gusta? ¿Y dónde vives? _____

_____

_____

_____

Ángel decide compartir una foto de su habitación engalanada con sus amigos y las familias de sus amigos en las redes sociales. Ángel está entusiasmado por mostrar su nuevo uniforme de fútbol, todos sus trofeos y, por supuesto, sus juegos de computadora.

Ángel sube la foto en Internet con el siguiente pie de foto: "¡Bienvenidos a mi mundo!".

¿Sabes cómo puede Ángel compartir esta foto de forma segura donde sólo puedan verla sus amigos y familiares? _____

_____

_____

Padres: sigan estos pasos con su(s) hijo(s).

Ángel tiene tres opciones para compartir su foto en Internet.

¿Cuál es la diferencia entre:

Compartir con todos: _____
_____

Compartir con amigos/familiares: _____
_____

Compartir con el público: _____
_____

¿Pueden las fotos privadas llegar a personas a las que tú no se las has enviado ("filtrarse")? ¿Cómo?

_____
_____
_____

Ángel no presta atención a estas opciones y publica la foto. Pronto, los amigos de Ángel empiezan a comentarla. Dicen cosas bonitas sobre los trofeos y, sobre todo, les gusta la configuración del juego. Algunos padres incluso comentan lo ordenada que se ve la habitación.

Ángel también recibe un comentario de un usuario llamado "Joey14forever", Ángel no reconoce de quién se trata...

¿Cómo crees que se siente Ángel al recibir todos estos comentarios? ¿Cómo te sentirías tú?

_____

_____

_____

Al poco tiempo, "Joey14forever" empieza a mandar mensajes a Ángel. Esta persona dice que se llama "Joey", pero que Ángel podría llamarle "Joe". Joe dice que cree que va al mismo colegio que Ángel, y Joe quiere saber el nombre del colegio de Ángel para ver si esta en lo correcto.

¿Cómo te sentirías si alguien a quien no conoces empezara a hacer comentarios y a charlear contigo?_____

_____

¿Qué preocupaciones debería tener Ángel sobre esta persona? _____

_____

_____

Pronto, Ángel y Joe están hablando todos los días sobre deportes, videojuegos, la escuela y si están enamorados de alguien de la escuela. Joe le dice a Ángel que ambos son "realmente maduros" y que la conversación es "agradable".

¿Qué sientes cuando alguien te hace un cumplido? _____

_____

¿Cómo te sientes cuando alguien se da cuenta de que suenas maduro? _____

_____

_____

Después de un par de semanas, Ángel se da cuenta de que ha compartido mucho sobre sí mismo con Joe. Pero saben muy poco acerca de él. Ángel empieza a preguntarse por qué nunca se han visto en el colegio aunque hablen por Internet todos los días. Ángel decide preguntárselo a Joe.

Cuando Ángel le pregunta a Joe por qué nunca se han visto en la escuela, Joe responde que "de hecho, él va a otra escuela cercana".

¿Debería Ángel preocuparse? ¿Qué debería preguntar Ángel ahora??_____

_____

_____

Unos días después, Joe le dice a Ángel que deberían verse en el parque cerca de la escuela de Ángel el fin de semana para pasar el rato.

¿Debería Ángel reunirse con Joe? _____
_____
_____

¿Qué harías tú? _____
_____
_____

¿Con quién hablarías sobre esta propuesta antes de aceptarla o rechazarla? _____
_____
_____

Antes de reunirte, ¿puedes responder afirmativamente a todas estas preguntas sobre tu amigo en línea?

- [ ] ¿Lo conoces desde antes?
- [ ] ¿Lo conoces de la escuela?
- [ ] ¿Sabes en qué grado está?
- [ ] ¿Tus padres lo conocen desde antes?
- [ ] ¿Conoces a sus padres?
- [ ] ¿Tus padres conocen a sus padres
- [ ] ¿Conoces cuál es su apellido?
- [ ] ¿Sabes su dirección y número de teléfono?

Tu casa	Centro Comercial
Su casa	Parque local
La casa de otro amigoe	**Tu casa del árbol**
Biblioteca	**¿Dónde más?**

¿Qué hace que un lugar sea más seguro o menos seguro?_____

_____

_____

Ángel lo piensa mucho. Finalmente, decide ser inteligente y hacer lo correcto. Ángel habla con sus padres sobre Joe y les dice que se siente incómodo de encontrarlo en el parque.

¡BIEN HECHO ÁNGEL!

Los padres de Ángel se alegran de que les haya contado lo sucedido antes de tomar una decisión. Le dicen a Ángel: "Si bien chatear y conocer gente nueva en línea puede ser divertido, reunirse con personas que conociste en línea puede ser peligroso. Las personas en línea pueden dar una imagen falsa de sí mismas y siempre deberías hablar con nosotros o con un adulto de confianza antes de conocer gente nueva en persona por primera vez".

Los padres de Ángel aceptan ir con él al parque si aún quieren conocer a su amigo Joe. Piden los números de teléfono de los padres de Joe para llamar antes y que vengan ellos también. Ahora Ángel puede estar seguro y divertirse.

¿Qué crees que pasaría si Joe no fuera quien dice ser? _____
_____
_____

Ángel y sus padres hablan sobre qué información, fotos y videos está bien compartir en Internet y qué es lo que debe mantenerse en privado.

¿Qué le sugerirías a Ángel que no compartiera en Internet? _____
_____
_____
_____

Juntos, Ángel y sus padres crean su propio Acuerdo de Uso de Internet para asegurarse de que Ángel sabe lo que puede y no puede hacer en Internet.

¿Qué pondrías tú en ese acuerdo? Mira un ejemplo en la página 63. _____

_____

_____

_____

_____

_____

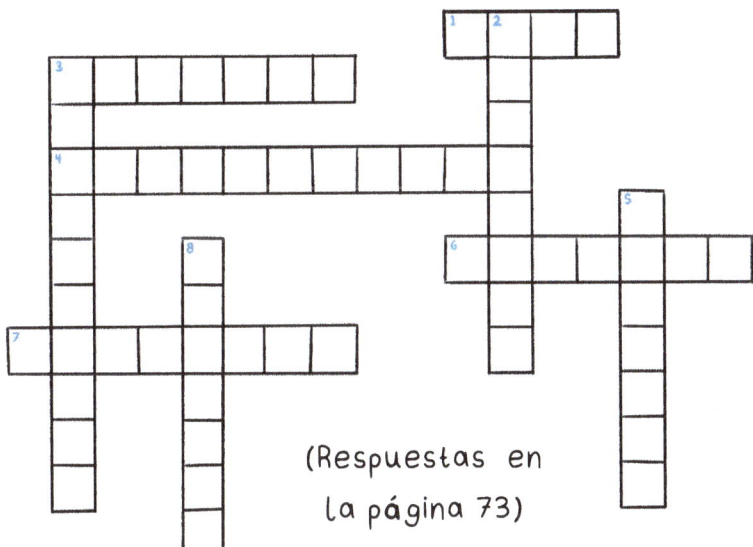

(Respuestas en la página 73)

Horizontales

1. Correos electrónicos o mensajes no deseados o basura, a menudo de desconocidos o empresas.
3. Software dañino que puede dañar tu dispositivo o robar tu información.
4. Software que ayuda a proteger tu dispositivo de virus y hackers.
6. Proceso de convertir datos en un código secreto para protegerlos, garantizando que sólo el destinatario previsto pueda leerlos o utilizarlos.
7. Cuando el contenido de la pantalla se guarda como imagen.
8. Nombre que eliges para representarte en Internet, como un apodo.

Verticales

2. Un truco en el que alguien se hace pasar por una persona de confianza para conseguir tu información personal, como contraseñas.
3. Pequeñas compras realizadas dentro de un juego u otra aplicación, normalmente con dinero real, para adquirir objetos virtuales o desbloquear funciones especiales.
5. Una prueba de seguridad en los sitios web para asegurarse de que eres una persona real y no un bot. Suele pedirte que escribas caracteres o hagas clic en determinadas imágenes.

Palabras

Spam	Phishing	Capturas	Usuario
Cortafuegos	Malware	Captcha	Cifrado
Micropagos			

37

Alex y el dibujo

¡Este es Alex!

Alex tiene 12 años y le encanta pasar tiempo con su teléfono. Desde que sus padres le regalaron su propio teléfono, pasa cada vez más tiempo en las redes sociales.

Esta es Maggie, tiene 13 años y es la novia de Alex en el colegio. Alex la adora y le encanta que le preste atención. Maggie puede ser un poco molesta a veces, pero a Alex no le importa.

maggs;p_113

Maggie

Ayer 5.19

Alex y Maggie se envían mensajes desde hace unos meses. Tienen muchos intereses en común y se llevan de fabuloso.

Incluso las pantallas de bloqueo de sus teléfonos son fotos del otro. Se envían mensajes y snaps a diario, se ha convertido en uno de sus hábitos apenas levantarse. Ahora mismo llevan 80 días de racha.

Niños: ¿Cuánto tiempo hablas con alguien antes de decirle a tus padres que te gusta?

_____

_____

Padres:

¿Cuánto tiempo antes quieres saber previo a que "lo hagan oficial"? ¿Has hablado con tus preadolescentes sobre las relaciones y las citas?

CONSEJOS DE CONVERSACIÓN PARA PADRES:

¿Sabías que los pediatras sugieren que los adolescentes esperen a tener al menos 16 años para empezar a salir con alguien, pero que niños de tan sólo 10 u 11 años pueden empezar a explorar las relaciones sentimentales por su cuenta? Esperar a hablar con tus hijos hasta que tú creas que están preparados puede hacer que pierdas oportunidades de prepararles con antelación para que tomen decisiones saludables. Tómate un momento ahora para mantener una conversación abierta con tu hijo. Hazle preguntas con curiosidad y esfuérzate por llegar a acuerdos en los que tu hijo(a) se sienta implicado(a), en lugar de establecer "normas" para las que quizá no entienda las razones..

TEMAS DE CONVERSACIÓN:

¿Qué significa tener "novia" o "novio" a distintas edades?

¿Qué significa para ti coquetear? ¿Cómo se hace?

¿Qué crees que entusiasma a la mayoría de la gente cuando decide empezar a salir con alguien?

¿Cómo crees que sabrás que estás preparado para empezar a salir con alguien?

¿Con quién hablarás y a quién pedirás consejo sobre tus citas?

¿Qué ejemplos has visto de parejas que hayan tenido éxito? ¿Qué les hizo triunfar?

Un día ocurrió algo inesperado, Maggie le pide a Alex fotos sin camiseta. Maggie le dice que no se las enseñará a nadie. Alex se siente inseguro, pero quiere hacer feliz a Maggie.

¿Cómo sabes que algo no te gusta? ¿Qué sientes? ¿Alguna vez le has dicho "no" a un amigo? ¿Cómo fue? ¿Qué otras cosas debería tener en cuenta Alex primero? _____

_____

_____

_____

_____

¿Debo enviar una foto o no?

Alex no quiere decepcionar a Maggie, así que le envía una foto suya sin camiseta. Se dice a sí mismo que está bien enviar sólo una foto. Maggie le dice lo mucho que le gusta su foto. Alex se alegra de que a Maggie le guste, pero no está seguro de que haya sido una buena idea. Muy pronto, Maggie le pide más fotos. Alex lo piensa un momento y decide que no pasa nada porque ya ha enviado una foto.

¿Se te ocurre alguna razón por la que enviar una foto tuya (o de otra persona) sin ropa pueda ser una mala idea? ¿Aunque sea una vez?_____

_____

_____

_____

Un par de días después, Maggie le dice a Alex que quiere romper. Alex se enoja mucho porque no se lo esperaba. Pensaba que Maggie era la indicada y ahora ni siquiera le responde a sus mensajes. Creía que las cosas iban mejor entre ellos.

Alex decide preguntarles a sus amigos si han hablado con Maggie desde la ruptura, pero le dicen que no. Luego le cuentan que Maggie les envió fotos de él sin camiseta a todos sus amigos, ¡y algunos empezaron a enseñárselas a todos los demás! Pronto, las fotos de Alex se compartieron con todo el colegio. Alguien incluso las imprimió y las puso en los baños y en la cartelera de anuncios.

Alex no puede creer lo que está pasando. Todos en el colegio se ríen y se burlan de él. Siente que va a necesitar la ayuda de sus padres y del orientador escolar porque no sabe qué hacer. Incluso piensa que podría tener que avisar a la policía.

Inicio de la charla: ¿Has estado alguna vez en una situación así o conoces a alguien que la haya vivido? ¿Qué pasó y qué se podría haber hecho para mejorarlo?

¿Qué podría haber hecho Alex de forma diferente para evitar esta situación? ¿Conoces a alguien a quien le haya pasado algo así? _____

_____

_____

_____

_____

Consejo: Tus padres siempre serán un gran apoyo, incluso cuando las cosas salgan mal. ¿Sabías que se pueden hacer capturas de pantalla y guardar las imágenes temporales o que caducan?

¡Empareja los emojis con sus significados!

😎	☐	☐ No se puede decir
👈 👉	☐	☐ Tonto
👀	☐	☐ Genial o picante
👁️👄👁️	☐	☐ Genial
😶	☐	☐ Sarcástico
🥴	☐	☐ Tímido o nervioso
🤢	☐	☐ Aturdido
🤡	☐	☐ Disgustado
🤫 🤫	☐	☐ Alucinado
💀	☐	☐ Por favor o gracias
💅	☐	☐ Glamurosa
🔥	☐	☐ De ninguna manera o vergonzoso
🙏	☐	☐ Mirada o curiosidad
🤐	☐	☐ Guarda el secreto

Mucha gente usa emojis a su manera. Si no estás seguro de lo que significa alguno, no dudes en preguntar.

(Clave de respuestas en la página 73)

Las aventuras de Liam en los juegos en línea

Liam acaba de conocer a un nuevo jugador en línea y ahora se pregunta si habrá encontrado un nuevo compañero de equipo, una persona especial o... ¿algo más? Liam ha estado escalando posiciones en varios de sus juegos y pasa horas todos los días jugando en su computadora. Siempre está chateando con sus compañeros para organizar misiones, torneos y compartir contenido. Una de sus compañeras, conocida como "BlondBombShell", lleva meses hablando con él y se han convertido en dos de los mejores jugadores de su gremio.

"BlondBombShell" dice que se llama Jessica y que también tiene 12 años, al igual que Liam. Siempre están ideando nuevas estrategias juntos para adelantarse a los demás jugadores. Jessica dice que sería más eficiente si hablaran fuera del juego usando otro programa de chat. Liam está de acuerdo, ya que siempre busca una ventaja competitiva.

¿Alguien les ha pedido alguna vez chatear con ellos fuera del juego al que están jugando?

_____

_____

Liam y Jessica siguen dominando el juego y pasan cada vez más tiempo fuera del juego usando el programa de chat que ella sugirió. Jessica le hace muchas preguntas a Liam e incluso intercambia fotos con él. Una noche, mientras están en una misión en un juego, Jessica dice: "¡Sabes, eres bastante lindo!". Jessica le pregunta a Liam si puede enviarle un par de fotos sin camiseta.

¿Qué debería hacer Liam?_____
_____
_____

¿Alguna vez alguien te ha pedido una foto o un video tuyo que te haya parecido muy privado o te haya hecho sentir incómodo?_____
_____
_____

Liam le envía un par de fotos sin camiseta a Jessica porque también piensa que está linda. Jessica responde a sus fotos con: "¡Guapo, quiero ver más!"

Liam piensa si debería enviarle más fotos. Después de todo, le tiene cariño a Jessica. Jessica dice que le enviará más fotos suyas si él también le envía más.

¿Qué debería hacer Liam? ¿Debería enviar más fotos o debería dejar de hacerlo?_____
_____
_____
_____

Jessica continúa pidiendo más fotos de Liam pero con cada vez menos ropa. Liam empieza a sentirse incómodo porque ella sigue pidiéndole más fotos. Y un día, le pide a Liam una foto suya sin nada de ropa. Liam dice con firmeza: "¡No!".

Pero Jessica no acepta su respuesta y lo amenaza. "¡Si no me envías más fotos, publicaré las que ya me enviaste en las redes sociales de tu escuela, en la página del equipo de fútbol, para que las vean tus amigos y familia!".

Consejo para padres: Have ¿Alguna vez le has contado a tu hijo algún error que cometiste de pequeño? Si bien los niños pequeños necesitan que sus padres sean fuertes e infinitamente capaces, los niños mayores pueden beneficiarse al saber que tú también eres una persona y que todos hemos tenido dificultades en algún momento.

Liam no quiere meterse en problemas. Espera que si le envía una foto a Jessica, ella lo deje en paz. Así que, hace lo que ella le dice...

Por desgracia, Jessica no deja de molestar a Liam, ni siquiera después de eso. ¡Le exige más fotos e incluso un video! Liam, sin saber qué más hacer, decide bloquear a Jessica en todas sus redes sociales y las cuentas de juegos, con la esperanza de que nadie se entere.

¿Había algo más que Liam podría haber hecho además de bloquear a Jessica?_____

_____

_____

¿Qué harías tú?_____

_____

_____

Unos días después, Liam recibe un mensaje de una cuenta que no reconoce. El mensaje incluye una captura de pantalla de sus fotos pendientes de publicar en la página de redes sociales de su equipo de fútbol. El mensaje es de Jessica preguntando: "¿Por qué me bloqueaste?". Liam empieza a entrar en pánico y no sabe qué hacer.

¿Qué podría hacer Liam en este momento?
_____
_____
_____

¿Qué harías tú? ¿Con quién podrías hablar de esto? _____
_____
_____

Liam ya no sabe qué hacer y tiene miedo de que otras personas descubran lo que él ha hecho. No se imagina lo que pasaría si alguno de sus amigos viera las fotos que le envió a Jessica. Entonces le envía a Jessica más fotos y un video con la esperanza de que ella se aleje y finalmente lo deje en paz.

¿Puedes ayudar a Liam? ¿Qué le dirías que hiciera?_____
_____
_____

Incluso después de que Liam le enviara más fotos y videos, Jessica no se aleja. Ella continúa molestándolo y él se estresa más y más cada día que pasa. Después de varias semanas, Liam finalmente decide reconocer sus errores y contarles a sus padres todo lo que ha sucedido.

Los padres de Liam se alegran de que se los haya contado y dicen que debería haberles hablado de su situación antes de que las cosas se le fueran de las manos. Dicen que lo que Jessica está haciendo se llama "sextorsión" y que es un delito. Le aseguran a Liam que no se meterá en ningún problema y que Jessica puede ser detenida con su ayuda. Liam y sus padres se pusieron en contacto con la policía local para denunciar a Jessica.

Recuerda que si te encuentras en una situación similar, puedes contárselo a un adulto de confianza. Hay soluciones, pero acordar no compartir nunca fotos en primer lugar puede servir como prevención.

¿Pusiste en tu Acuerdo de Uso de Internet que no compartirías este tipo de fotos?_____

_____

¿Qué harías si esto te ocurriera a ti o a uno de tus amigos?_____

_____

¿Tú crees que Jessica era quien decía ser? ¿Qué te ayuda a saberlo?_____

_____

_____

Han pasado algunas semanas desde que Liam habló a sus padres y a la policía sobre Jessica. Desde entonces, Jessica ha dejado de molestarlo y no recibe más mensajes de cuentas desconocidas. Ahora, Liam quiere asegurarse de que sus amigos no pasen por lo mismo que él, así que, decide darles algunos consejos sobre cómo chatear en Internet.

¿Qué debería decir Liam a sus amigos para que no caigan en la misma trampa?_____

_____

_____

_____

_____

Cada día pasamos más tiempo en Internet. Al igual que les ocurrió a Olivia y a sus amigos, nosotros también podemos vernos envueltos en situaciones peligrosas si no tenemos cuidado.

¿Qué te han dicho sobre la seguridad en Internet?_____

_____

¿Qué consejos le darías a Olivia o a cualquiera de tus amigos si te dijeran que les está pasando esto?_____

_____

_____

_____

CONSEJOS PARA PADRES:

Es normal sentir miedo por tu hijo, y a menudo los padres se ven tentados a ser severos o imponer disciplina en situaciones como ésta como forma de sentirse más seguros y con más control. Sin embargo, los niños que se enfrentan a las situaciones anteriores son "víctimas" y más que nada necesitan tu amor y apoyo. En caso de duda, acércate a los niños diciéndoles que los quieres y que "les cubres las espaldas". Esto crea y mantiene fuertes lazos de confianza que ayudan a los niños a sentirse seguros para acudir a ti con sus preocupaciones en el futuro, posiblemente incluso antes de que empiecen los problemas. Apoyándose en el amor y la educación, tus hijos tendrán las mayores posibilidades de éxito en situaciones difíciles, ahora y en el futuro.

Ejemplo de contrato de seguridad y uso de Internet

No compartir nunca información personal, por ejemplo:

- Nombre
- Cumpleaños/Edad
- Dirección
- Número de teléfono
- Correo electrónico
- Nombre de tu Escuela
- Ciudad/estado en el que vives

Nunca hables por Internet con personas que no conozcas de la escuela, la familia o el vecindario

Nunca hagas clic en enlaces desconocidos ni descargues archivos al azar

Nunca publiques ni envíes mensajes malintencionados

Nunca envíes fotos o videos a personas que no conozcas

Nunca guardes secretos sobre algo que te haga sentir incómodo.

Nunca compartas tus contraseñas (excepto con tus padres/tutores)

No abriré nuevas cuentas ni cambiaré contraseñas sin el conocimiento de mis padres o tutores.

Sólo enviaré mensajes a las siguientes personas que mis padres/tutores hayan aprobado:

Gente con la que puedo enviarme mensajes en línea (nombre real)	Nombre de usuario en línea

_____   _____
Firma del niño   Firma del Padre/Tutor

Ejemplo de contrato de seguridad y uso de Internet

No publicaré ni enviaré fotos o videos inapropiados.

No hablaré con desconocidos por Internet ni los conoceré en persona

No compartiré mis contraseñas (excepto con mis padres/tutores)

No haré clic en enlaces sospechosos ni descargaré archivos desconocidos.

No compartiré demasiado en redes sociales.

No haré ciberacoso ni participaré en dramas en línea.

Prometo no confiar nunca en todo lo que veo en línea.

Nunca daré por sentado que lo que publico es privado.

Nunca ignoraré las señales de alerta ni las corazonadas. Le diré a un adulto si algo no va bien.

- _____
- _____
- _____
- _____
- _____

_____   _____
Firma del niño   Firma del Padre/Tutor

Ahora es el momento de que tú y tus
padres o tutores redacten su propio Acuerdo
de Uso de Internet.

- _____
- _____
- _____
- _____
- _____
- _____
- _____
- _____
- _____
- _____
- _____
- _____
- _____
- _____

_____   _____
Firma del niño   Firma del Padre/Tutor

Reflexiones finales

Los preadolescentes y adolescentes se enfrentarán a todo tipo de desafíos a medida que crezcan y te necesitarán más apoyo que nunca a medida que aprenden sobre las complejidades del mundo. ¿Cómo inicias conversaciones con tu hijo? ¿Qué actividades hacen juntos que ayudan a crear oportunidades para conversar? Pregúntale a tu hijo qué le ayuda a sentirse seguro para abrirse contigo ahora y qué le impide o le desanima a compartir contigo. Sé receptivo a sus respuestas: te están dando una guía para sus necesidades particulares.

Edúcalo sobre el mundo digital y los posibles peligros que existen en línea. Empodéralos para que tomen decisiones informadas, seguras e inteligentes sobre con quién interactúan en línea, qué información comparten y los posibles riesgos de compartir imágenes y videos. La reducción de daños se logra educándolos sobre internet, mostrándoles cómo reportar problemas y recordándoles que SIEMPRE los respaldas. Los padres también necesitan apoyo cuando surgen situaciones difíciles. ¿A quién recurres cuando necesitas hablar sobre situaciones difíciles? Si aún no lo has hecho, considera hacer una lista o agregar ciertos contactos a "favoritos" en tu teléfono para recordarte que también cuentas con apoyo cuando lo necesites.

Recuerda que siempre tienes el control de tu uso de internet. Si tienes algún problema, tienes ayuda disponible las 24 horas, los 7 días de la semana. Nunca dejes que el agresor te robe la voz. Usa tu voz y repórtalo a un adulto de confianza. ¡Mereces estar seguro en línea!

☆ OLIVIA ♡

c	g	m	u	b	v	e	v	s	n	v	h	h	n	o	w	p	x
o	c	e	k	a	p	r	i	v	a	c	i	d	a	d	v	q	c
o	q	n	p	e	r	s	o	n	a	l	x	r	a	r	s	h	o
k	x	s	c	o	s	v	g	v	d	m	d	b	u	x	c	z	n
i	z	a	z	e	q	g	r	o	o	m	i	n	g	s	o	t	t
e	v	j	l	i	s	u	p	l	a	n	t	a	c	i	o	n	r
s	p	e	r	f	i	l	c	i	b	e	r	a	c	o	s	o	a
p	k	s	v	u	d	z	n	t	r	o	l	l	u	z	s	e	s
c	o	n	s	e	n	t	i	m	i	e	n	t	o	f	d	f	e
f	m	e	m	e	f	w	s	r	i	s	v	l	o	g	i	r	n
w	s	y	p	r	a	p	l	i	c	a	c	i	o	n	b	b	a
e	x	a	u	k	s	x	l	i	m	i	t	e	s	o	s	l	n

¿Cómo te fue a ti?

71

¡Respuestas!

L_ _mit_s: Las normas o límites que establecemos para mantenernos a nosotros mismos y a los demás seguros, felices y respetuosos.

Cons_ _timie_ _o: Significa decir "sí" o estar de acuerdo con algo, pero sólo si tú realmente quieres.

Cyb_rac_ _o: Intimidación que se produce en Internet a través de mensajes malintencionados, publicaciones o compartiendo cosas hirientes.

E_ _oj_s: Pequeños iconos como o que se utilizan en los mensajes para mostrar sentimientos o reacciones.

Microtran_ _cci_ _es: Son pequeñas compras realizadas dentro de un videojuego, normalmente con dinero real, para comprar objetos virtuales o desbloquear funciones especiales.

C_ _tra_ _eña: Un código secreto que creas para mantener tus cuentas a salvo de los demás.

Inf_ _ _mació_ _ pers_ _al: Datos como tu nombre completo, dirección, número de teléfono o centro de estudios que no debes compartir en Internet.

Aj_ _t_s de pr_vac_ _ _ad: Herramientas en aplicaciones y sitios web que te permiten controlar quién puede ver tu información.

E_ _a_fa: Engaño con el que se pretende engañar a la gente para que entregue dinero o información personal.

Ext_ _rsi_ _ _n s_ _x_al: Cuando un depredador en línea engaña a alguien para que les proporciones imágenes o videos de desnudos y luego, te pide dinero, más imágenes u otras cosas.

Sp_ _ _s: Correos electrónicos o mensajes no deseados o basura, a menudo de desconocidos o empresas.

Supl_ _ _tació_ _ de Id_ _nt_ _ad: Es cuando alguien finge ser alguien o algo que no es, normalmente para engañar a otros.

¡Respuestas!

Crossword:

1 (across): SPAM
2 (down): PHISHING
3 (across): MALWARE
3 (down): MICROPGOS
4 (across): CORTAFUEGOS
5 (down): CAPTCHA
6 (across): CIFRADO
7 (across): CAPTURAS
8 (down): USUARIO

Matching (emojis):

- No se puede decir
- Tonto
- Genial o picante
- Genial
- Sarcástico
- Tímido o nervioso
- Aturdido
- Disgustado
- Alucinado

- Por favor o gracias
- Glamurosa
- De ninguna manera o vergonzoso
- Mirada o curiosidad
- Guarda el secreto

Glosario

Ajustes de privacidad: Herramientas de aplicaciones y sitios web que te permiten controlar quién puede ver tu información.

Almacenamiento en la nube: Un servicio que permite guardar archivos en internet en lugar de en tu computadora, haciéndolos accesibles desde cualquier dispositivo con acceso a internet.

Antivirus: Un programa de software diseñado para detectar, prevenir y eliminar virus informáticos dañinos y otros programas maliciosos.

App: Abreviatura de "aplicación"; es un programa de software diseñado para realizar tareas específicas en dispositivos como teléfonos inteligentes, tabletas o computadoras.

Autenticación de dos factores (2FA): Una función de seguridad que requiere dos formas de identificación (como una contraseña y un código enviado a tu teléfono) para iniciar sesión en una cuenta.

Binge-watching: O maratón de series, es cuando ves varios episodios de una serie o programa de televisión de una sola vez, comúnmente en plataformas de streaming.

Blog: Un sitio web donde una persona o grupo publica regularmente, generalmente sobre un tema específico o experiencias personales.

Bloguero: Persona que escribe y comparte material regularmente, generalmente en su blog.

Bloqueador de anuncios: Una herramienta de software o extensión del navegador que evita que aparezcan anuncios en sitios web para mejorar la experiencia de navegación.

Captcha: Una prueba de seguridad en sitios web para garantizar que eres una persona real, no un bot. Generalmente te pide que escribas caracteres o hagas clic en ciertas imágenes.

Captura de pantalla: Cuando guardas el contenido de la pantalla como una imagen.

Ciberacoso: Acoso que ocurre en línea a través de mensajes o publicaciones malintencionadas, o compartiendo contenido hiriente.

Glosario

Cifrado: Un proceso que convierte los datos en un código secreto para protegerlos, garantizando que solo el destinatario pueda leerlos o usarlos.

Consentimiento: Significa decir "sí" o aceptar algo, pero solo si realmente lo deseas.

Código abierto: Software que está disponible gratuitamente para que cualquiera pueda utilizarlo, modificarlo y distribuirlo, a menudo desarrollado en colaboración por una comunidad.

Cookies: Pequeños archivos que los sitios web guardan en tu computadora para recordar tus preferencias, datos de inicio de sesión o rastrear tu actividad.

Código QR: Un tipo de código de barras que, al escanearlo, te lleva a una página web o muestra información específica.

Contraseña: Un código secreto que creas para mantener tus cuentas a salvo de los demás.

Cortafuegos: Software que ayuda a proteger tu computadora o dispositivo de virus o hackers.

Descarga: El proceso de transferir datos de internet a tu dispositivo, como archivos, aplicaciones o juegos.

Emoji: Pequeños íconos que se usan en los mensajes para mostrar sentimientos o reacciones.

Estafa: Engaño con el que se pretende engañar a la gente para que entregue dinero o información personal.

Foro: Un foro de discusión en línea donde las personas pueden publicar preguntas y compartir respuestas sobre diversos temas.

Grooming: When someone online tries to build a friendship with you in order to take advantage of you later.

Ghosting: El acto de cortar repentinamente toda comunicación con alguien sin explicación, a menudo visto en amistades o citas.

Grooming: Cuando alguien en línea intenta entablar una amistad contigo para aprovecharse de ti más tarde.

Influencer en las redes sociales: Persona conocida a la que se sigue en las redes sociales.

Información personal: Datos como tu nombre completo, dirección, número de teléfono o centro de estudios que no debes compartir en Internet.

Glosario

Límites: Las reglas o límites que establecemos para mantenernos seguros, felices y respetuosos, tanto a nosotros mismos como a los demás.

Malware: Software dañino que puede perjudicar tu dispositivo o robar tu información.

Meme: Una imagen, video o texto humorístico que se copia y se difunde rápidamente en línea, a menudo con ligeras variaciones.

Mensaje directo (DM): Un mensaje privado enviado directamente a alguien en línea.

Mensajes de texto: Enviar mensajes cortos por escrito utilizando un teléfono u otro dispositivo para comunicarse rápidamente con otras personas.

Microtransacciones (en el juego): Son pequeñas compras realizadas dentro de un videojuego, generalmente con dinero real, para comprar artículos virtuales o desbloquear funciones especiales.

Moneda digital: Un tipo de dinero que existe solo en formato electrónico y se utiliza para transacciones en línea.

Nombre de usuario: Nombre que eliges para representarte en Internet, como un apodo.

Noticias falsas: Historias inventadas en línea que no son ciertas. Siempre debes verificar antes de creer o compartir.

NSFW: Significa "No apto para el trabajo". Indica que el contenido es inapropiado para un entorno laboral o escolar, generalmente debido a temas o lenguaje para adultos. **Registering:** Signing up to use a new service, like a game, website, or chat program, by providing details like your username and password.

Perfil: Información sobre ti que todo el mundo puede ver, que puede incluir tus aficiones, deporte favorito, música, etc.

Personal: Significa algo que te pertenece o se relaciona específicamente contigo, como tus sentimientos, pertenencias o elecciones.

Phishing: Un truco en el que alguien se hace pasar por una persona de confianza para conseguir tu información personal, como contraseñas.

Podcast: Son debates publicados en Internet. Parecidos a los programas de radio.

Glosario

Privacidad: El derecho a mantener tu información personal, acciones y pensamientos ocultos a los demás, a menos que tú decidas compartirlos.

Red Privada Virtual (VPN): Herramienta que ayuda a proteger tu privacidad en línea ocultando tu ubicación real y cifrando tu actividad en Internet.

Redes sociales: Actividad que tiene lugar en Internet en sitios específicos diseñados para conectar a las personas.

Registrarse: Crear una cuenta para utilizar un nuevo servicio, como un juego, un sitio web o un programa de chat, facilitando datos como tu nombre de usuario y tu contraseña.

Sala de chat: Un espacio en línea donde varias personas pueden comunicarse entre sí en tiempo real a través de texto.

Sexting: La acción de enviar fotografías, videos o mensajes sexualmente explícitos.

Sextorsión: Cuando un depredador en línea engaña a alguien para que le proporcione imágenes o videos de desnudos y, luego, le exige dinero, más imágenes o le plantea otras exigencias.

Sitio web: Página de Internet que contiene texto, sonido, imágenes o videos.

Spam: Correos electrónicos o mensajes no deseados o basura, a menudo de desconocidos o empresas.

Suplantación de identidad: Es cuando alguien se hace pasar por alguien o algo que no es, normalmente para engañar a otros.

Término de búsqueda: Palabra que escribes cuando buscas información sobre algo en Internet.

Troll: Alguien que dice cosas malas o molestas en Internet sólo para molestar a los demás.

Virus: Programa informático dañino que se propaga entre computadoras, a menudo sin el conocimiento del usuario, y que puede dañar archivos, robar datos o alterar el funcionamiento del ordenador.

Vlog: Sitio web o cuenta en redes sociales donde una persona publica regularmente videos cortos.

Vlogger: Persona que publica regularmente videos cortos en un vlog.

Recursos

Evergreen Caregiver Support

evergreencaregiversupport.org

ECPAT

ecpat.org/bill-of-rights

Interland

beinternetawesome.withgoogle.com/en-us/interland

Interpol

interpol.int/en/Crimes/Crimes-against-children

Centro Nacional para Jóvenes Desaparecidos y

Explotados (NCMEC)

missingkids.org

NetSmartz

netsmartzkids.org

Take it Down

takeitdown.ncmec.org

Thorn

thorn.org

Línea de texto para crisis
envía "HOME" a 741741

The Trevor Project
thetrevorproject.org

988 Lifeline
988lifeline.org

Reseñas

"Una herramienta sorprendentemente eficaz para que padres y preadolescentes naveguen por el apasionante pero también peligroso mundo de las redes sociales. Escrito e ilustrado de forma que parece atraer a los preadolescentes mientras que ofrece orientación sobre la marcha a los padres".

-Murray David Schane, M.D. Presidente, MaleSurvivor

"Como proveedor de servicios directos que gestiona el primer y único centro de acogida del país para jóvenes varones que han sido víctimas de la trata con fines sexuales, he visto de primera mano el alarmante aumento de la explotación en línea, especialmente entre los chicos que juegan en plataformas de videojuegos y redes sociales. Este cuaderno de trabajo es un gran recurso para ayudar a los jóvenes a reconocer las amenazas en línea y sus propias vulnerabilidades de una manera apropiada para su desarrollo. También proporciona un lenguaje excelente para que padres, profesores y cuidadores lo utilicen cuando hablen con sus hijos."

-Landon C. Dickeson, MS, LPC, C-DBT, CDirector de Operaciones de Ranch Hands Rescue and Bob's House of Hope

"Una guía esencial para padres, cuidadores y educadores que buscan navegar por las complejidades de la seguridad en línea con audiencias jóvenes. Este recurso cuidadosamente elaborado va más allá de la simple descripción de los riesgos: fomenta debates significativos sobre la conciencia digital, la etiqueta en línea y la autoprotección en un mundo cada vez más conectado".

-Ena Lucia Mariaca Pacheco, Experta en seguridad humana e investigadora en abuso, explotación y trata de menores.